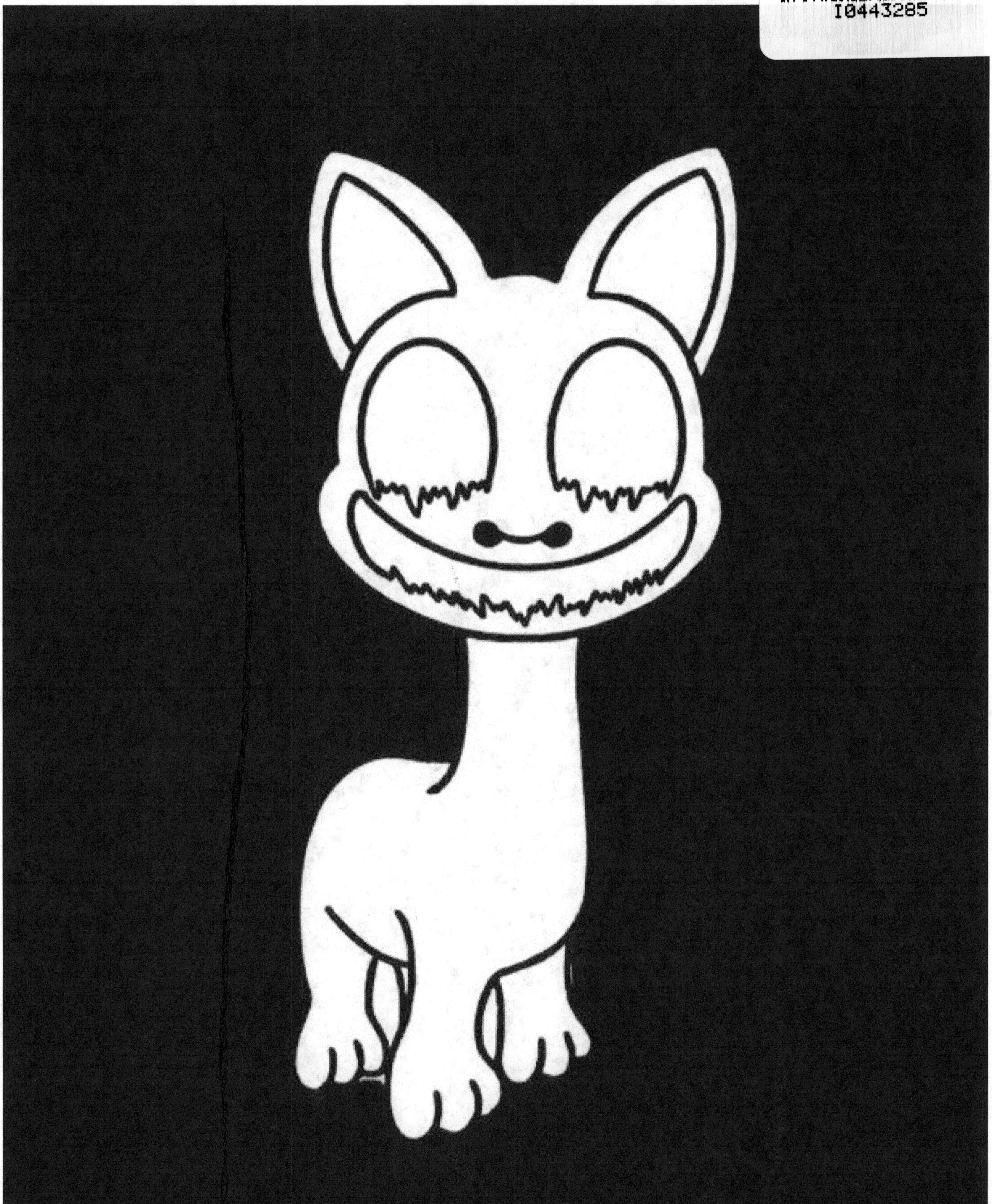

[redacted]

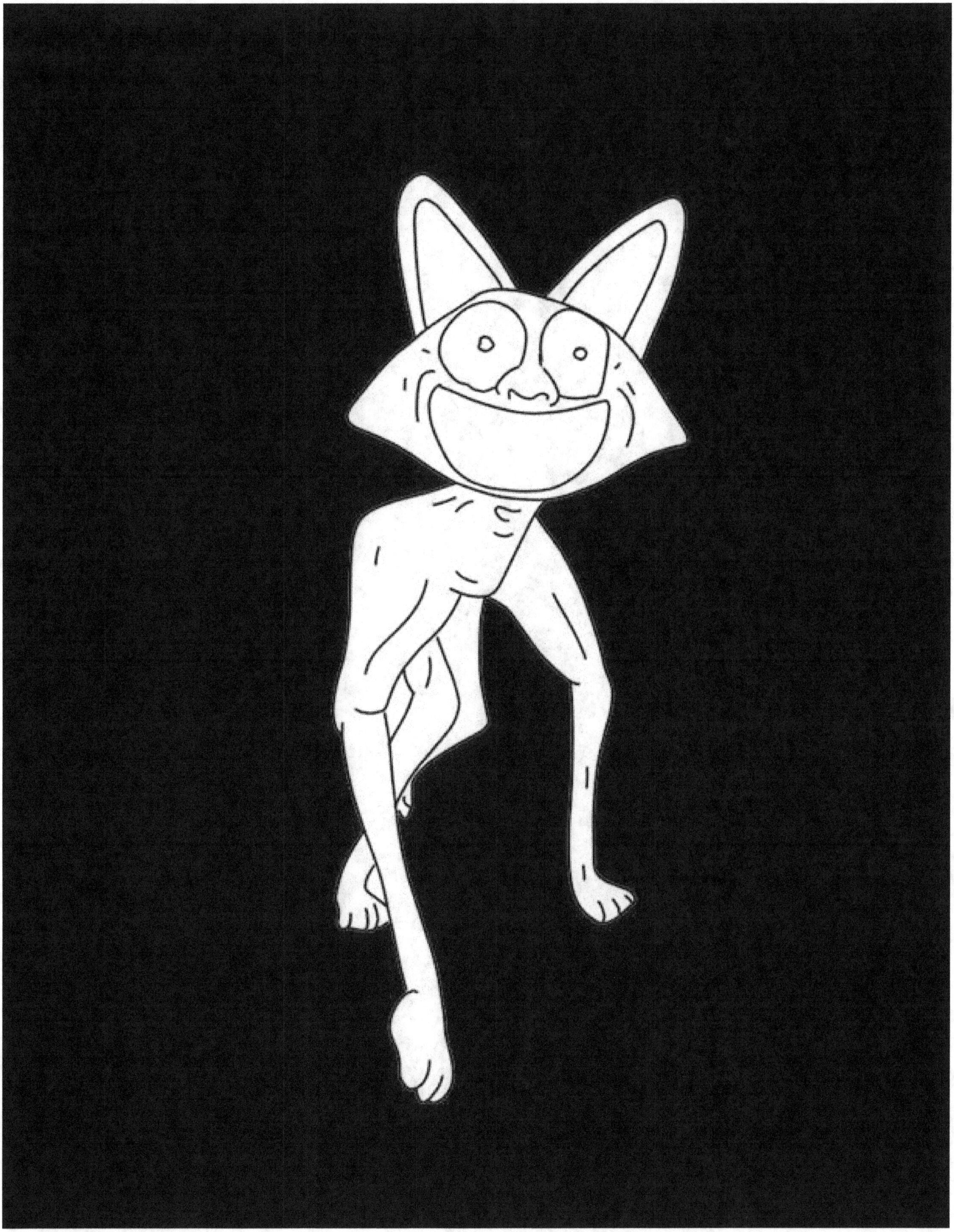

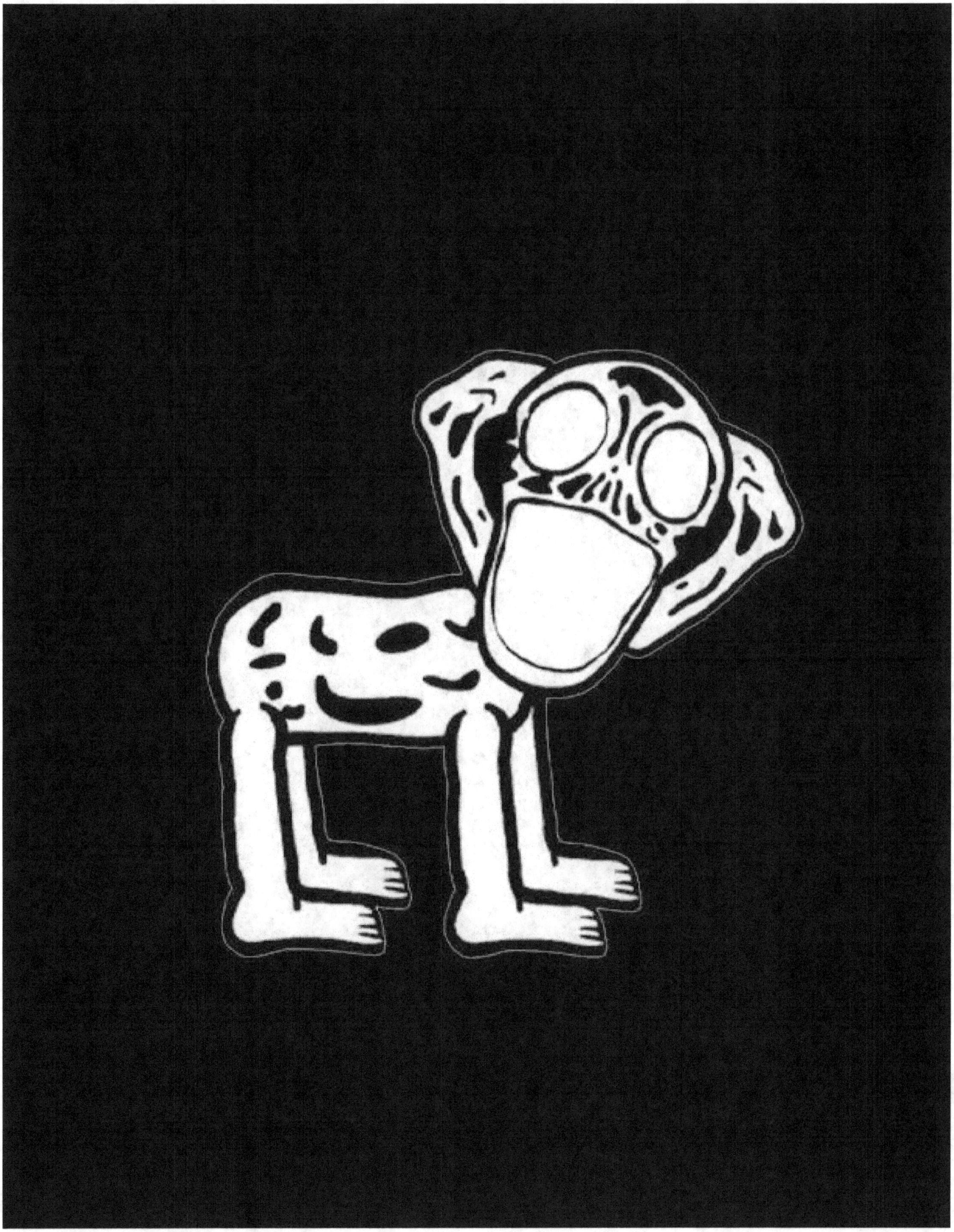

[redacted]

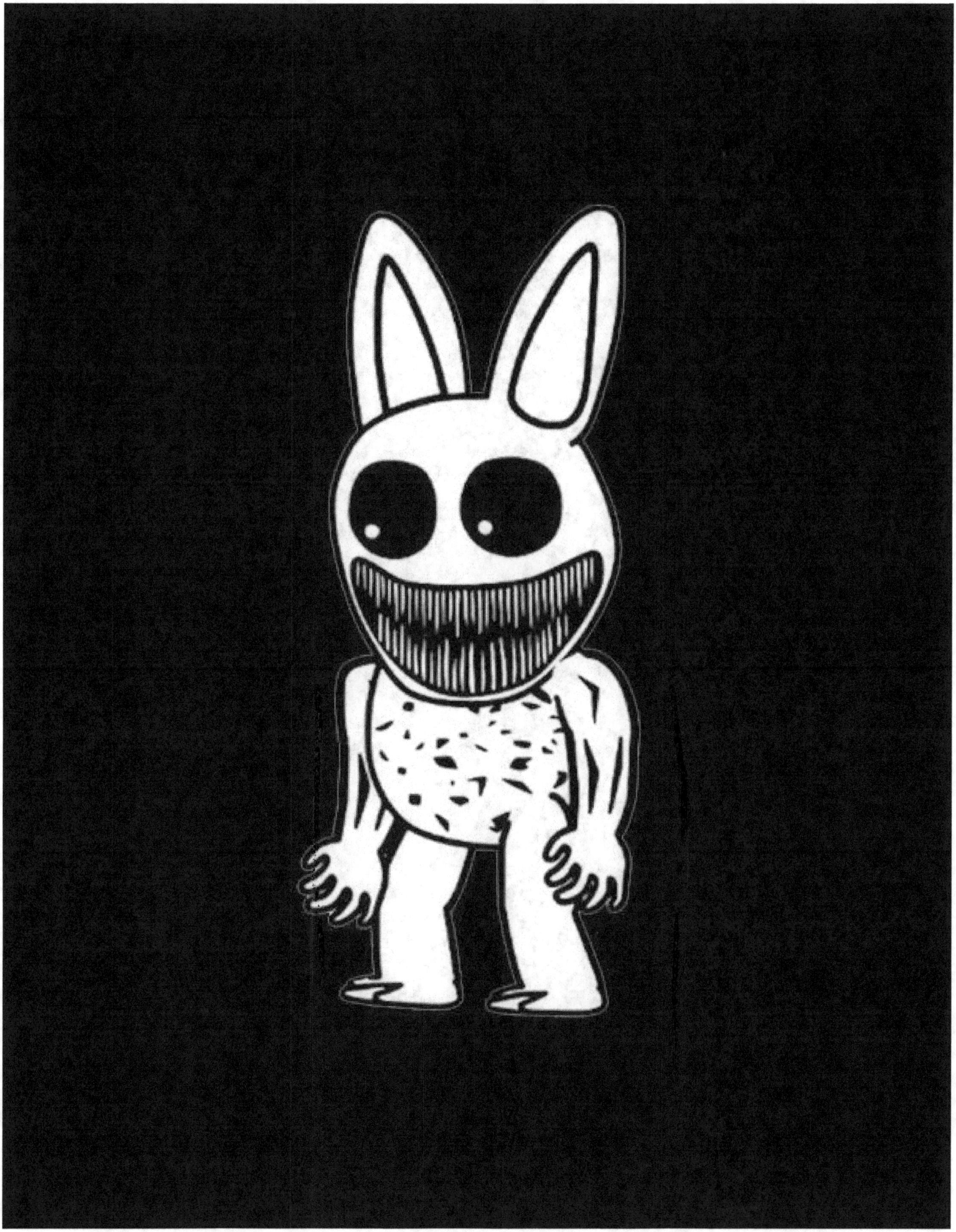

[redacted]

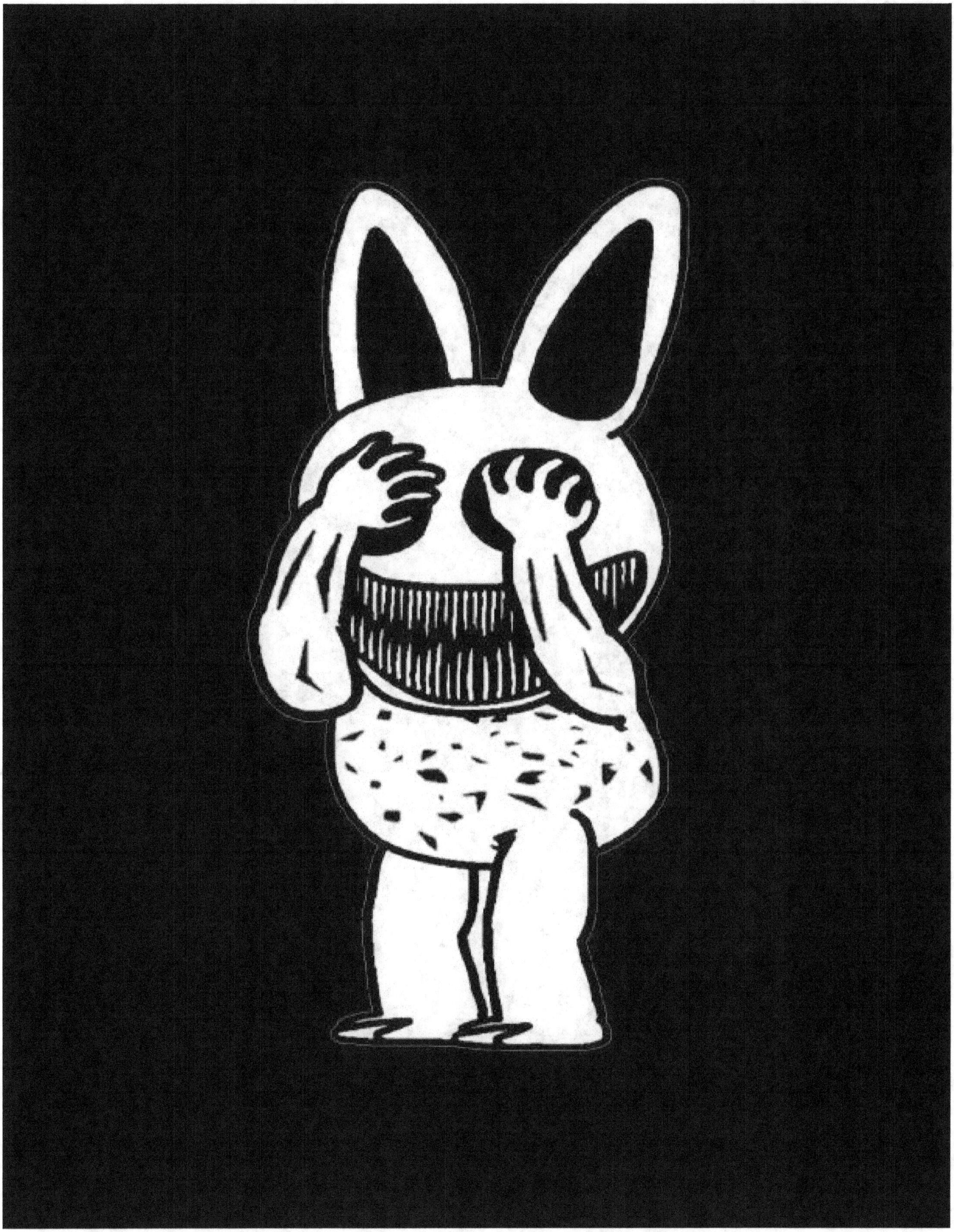

[redacted]

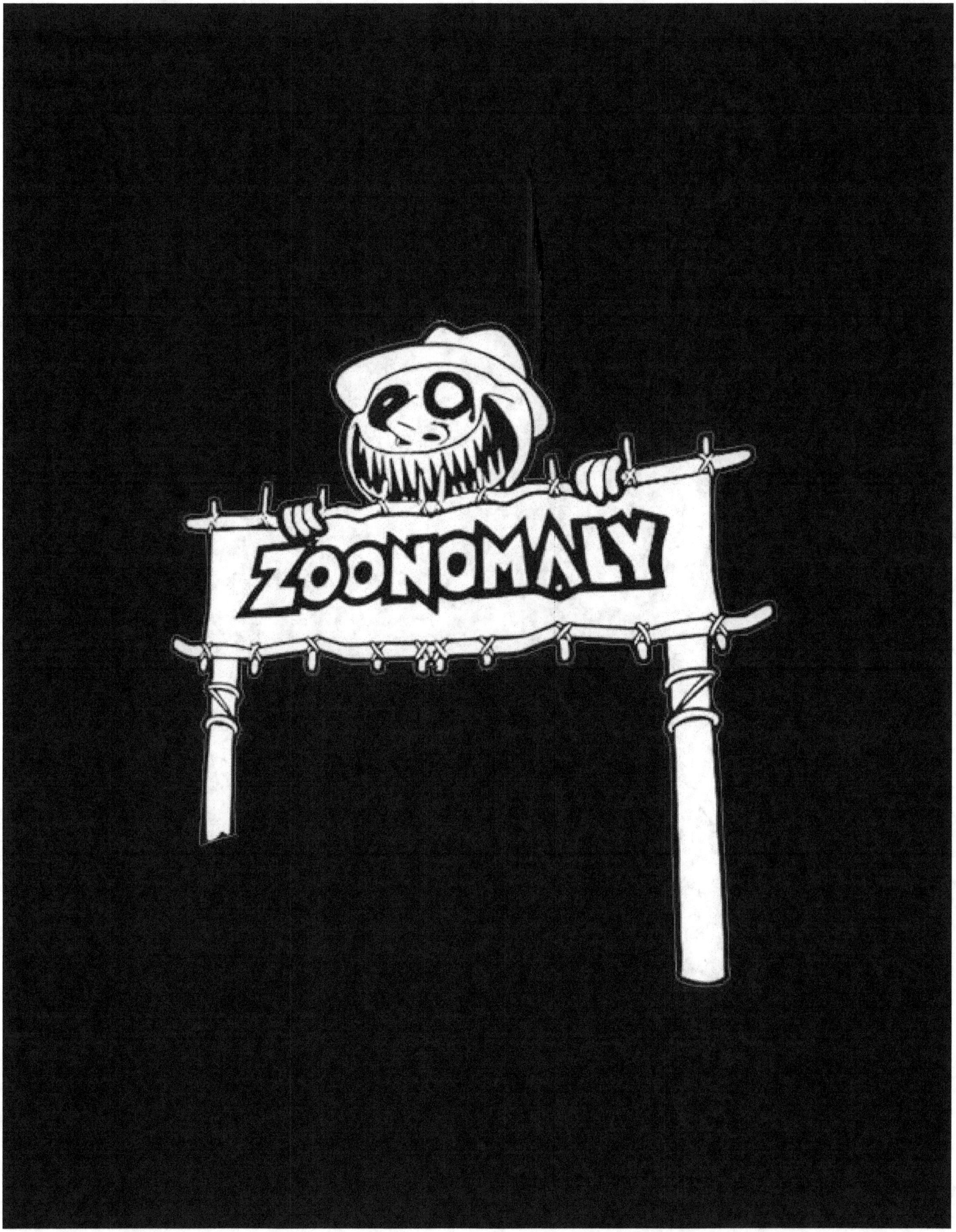
ZOONOMALY

[redacted]

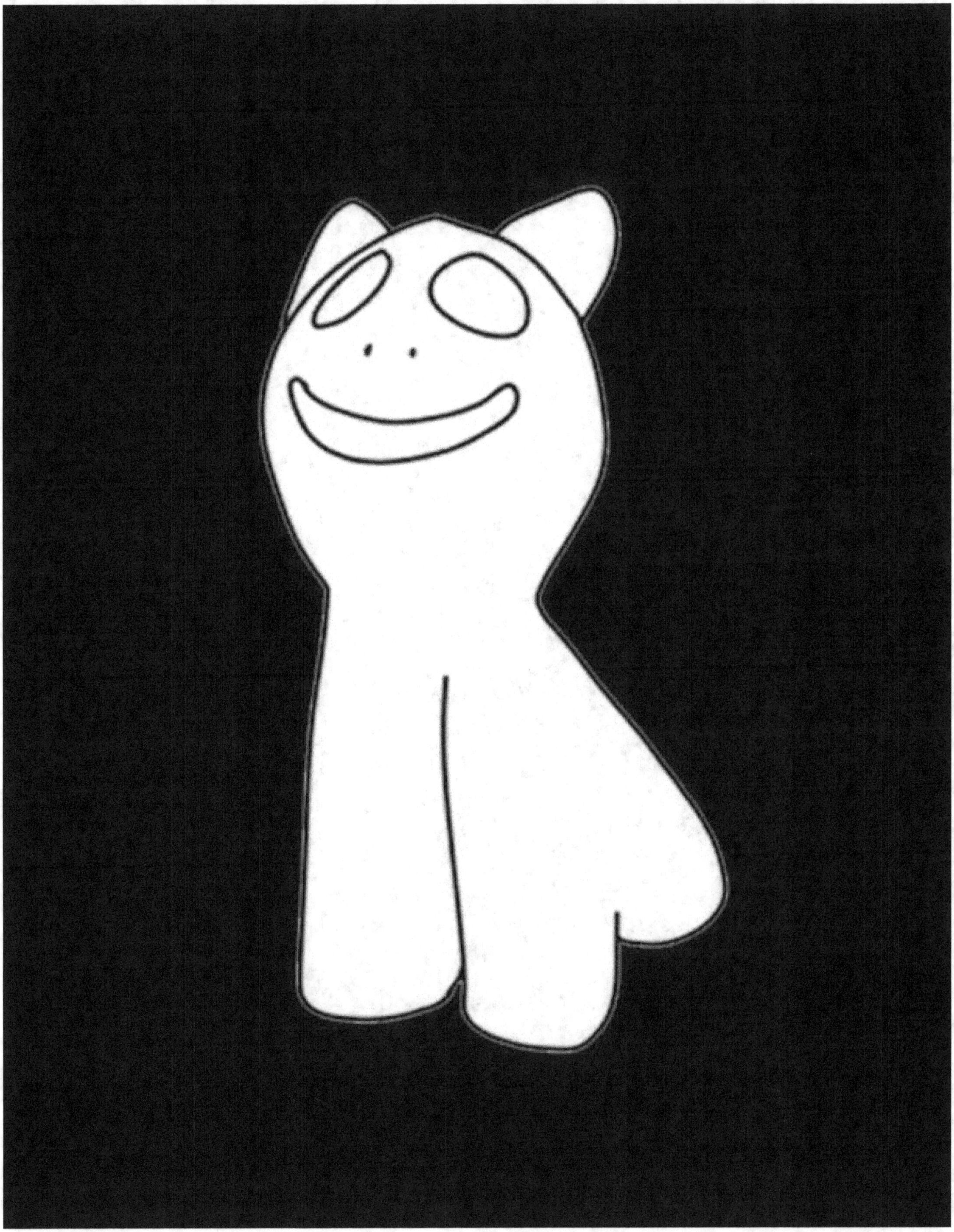

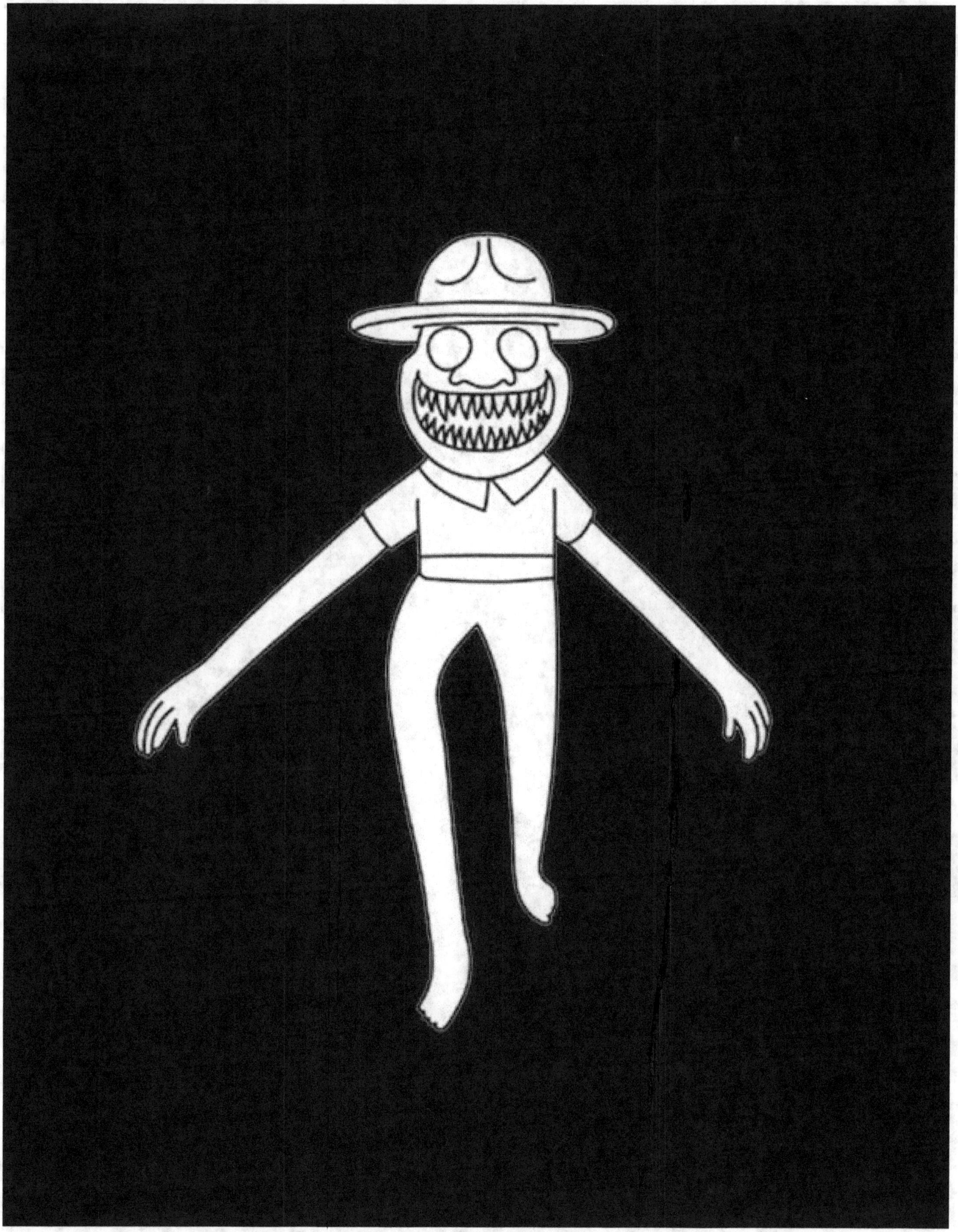

[redacted]

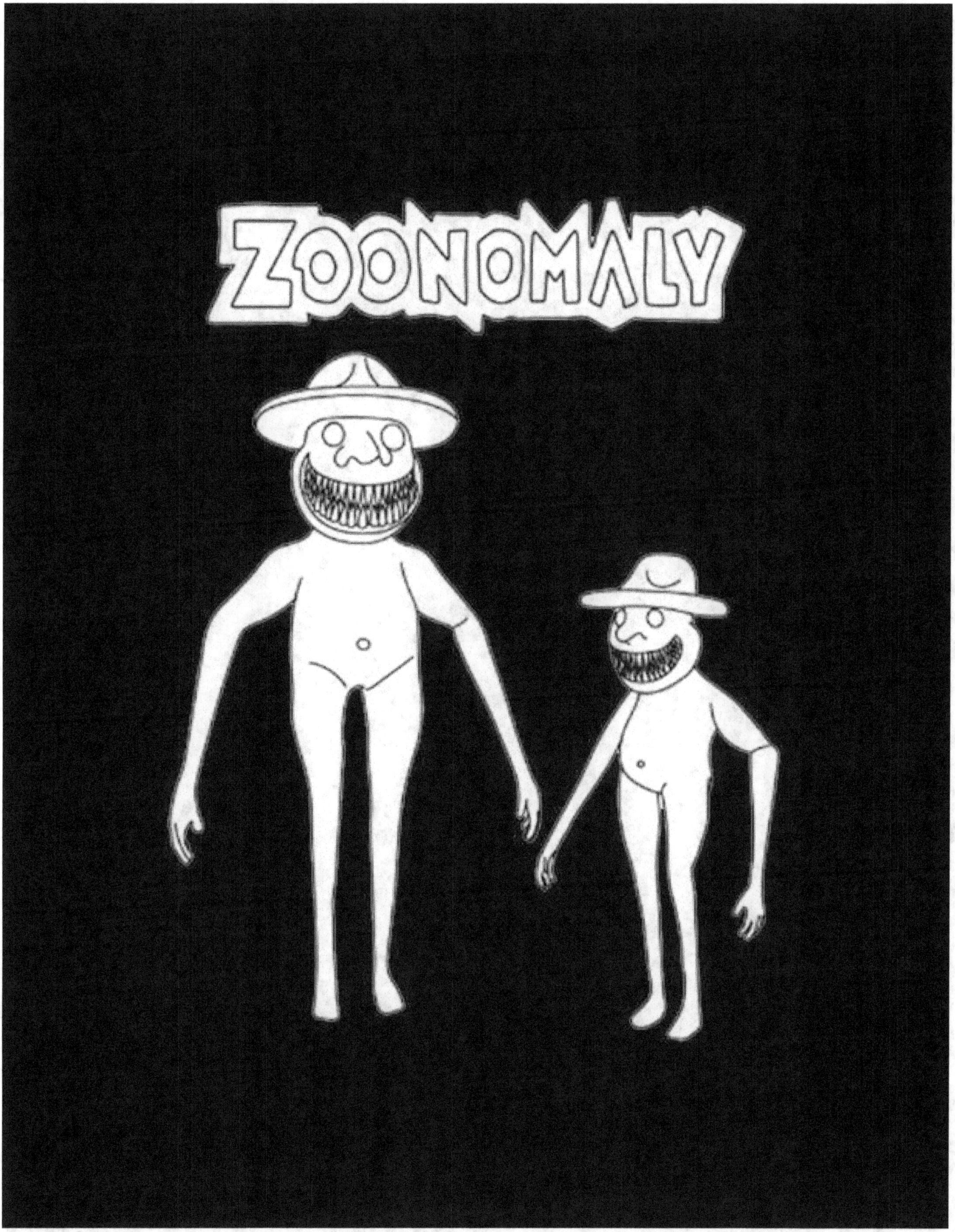
ZOONOMALY

[redacted]

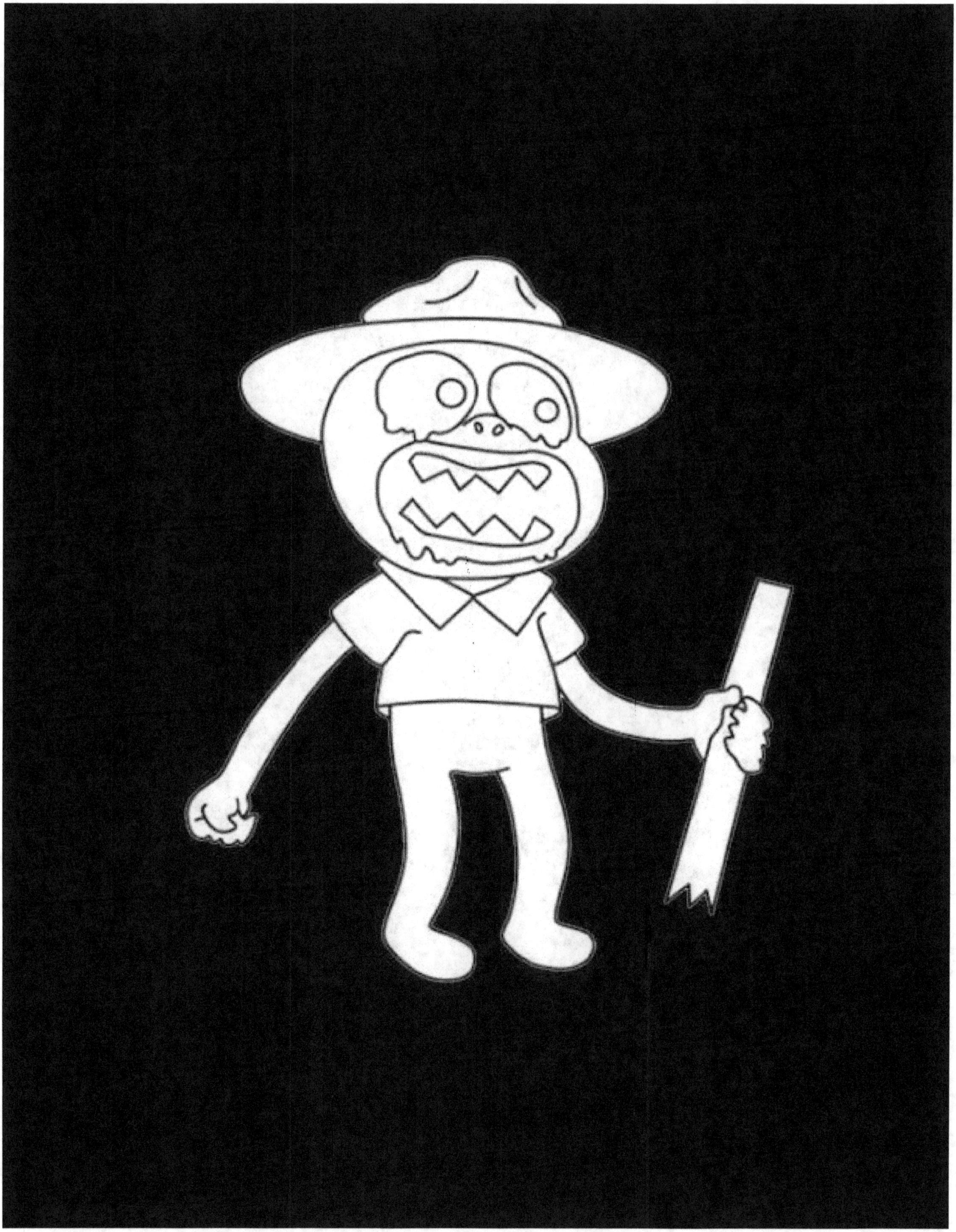

[redacted]

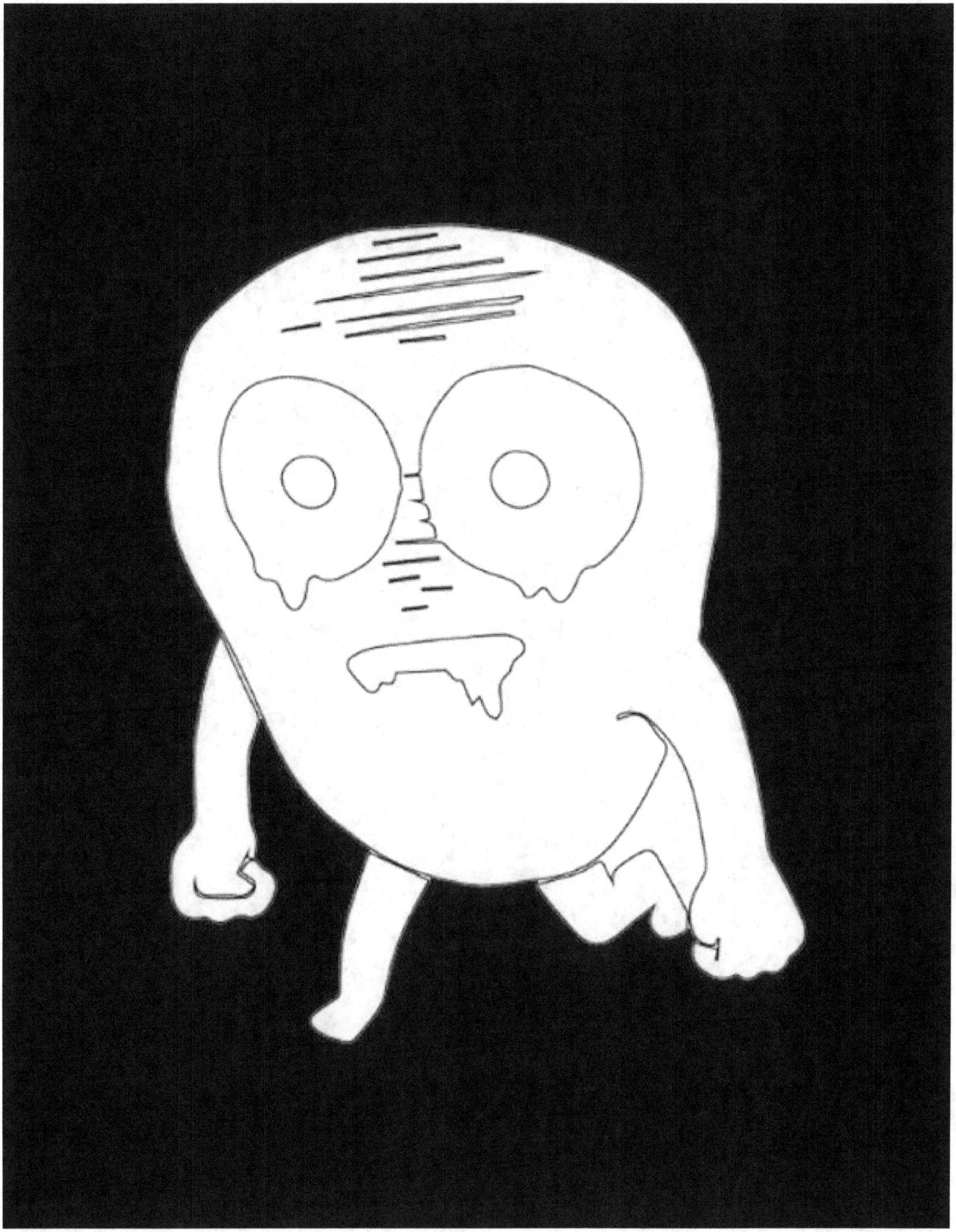

[redacted]

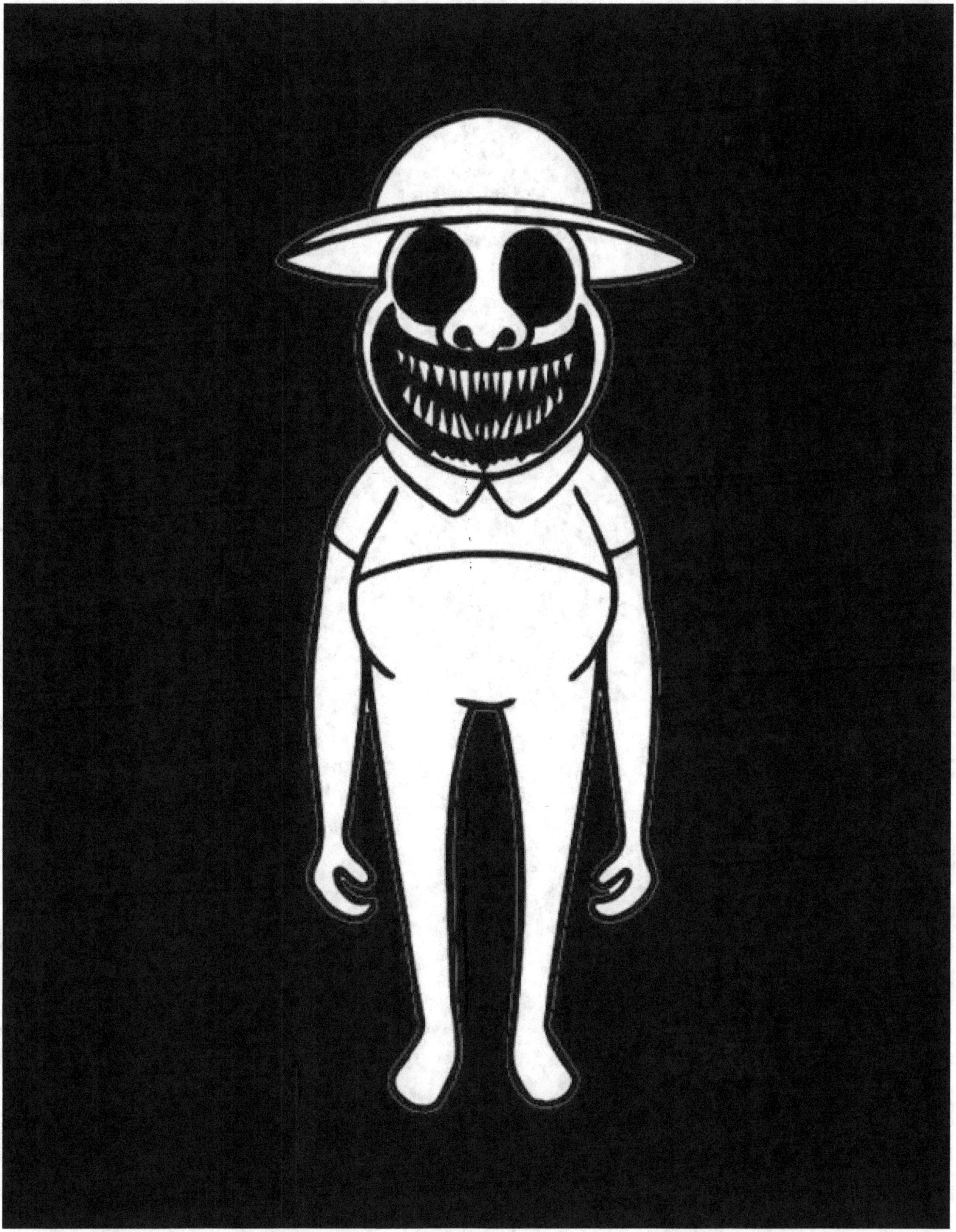

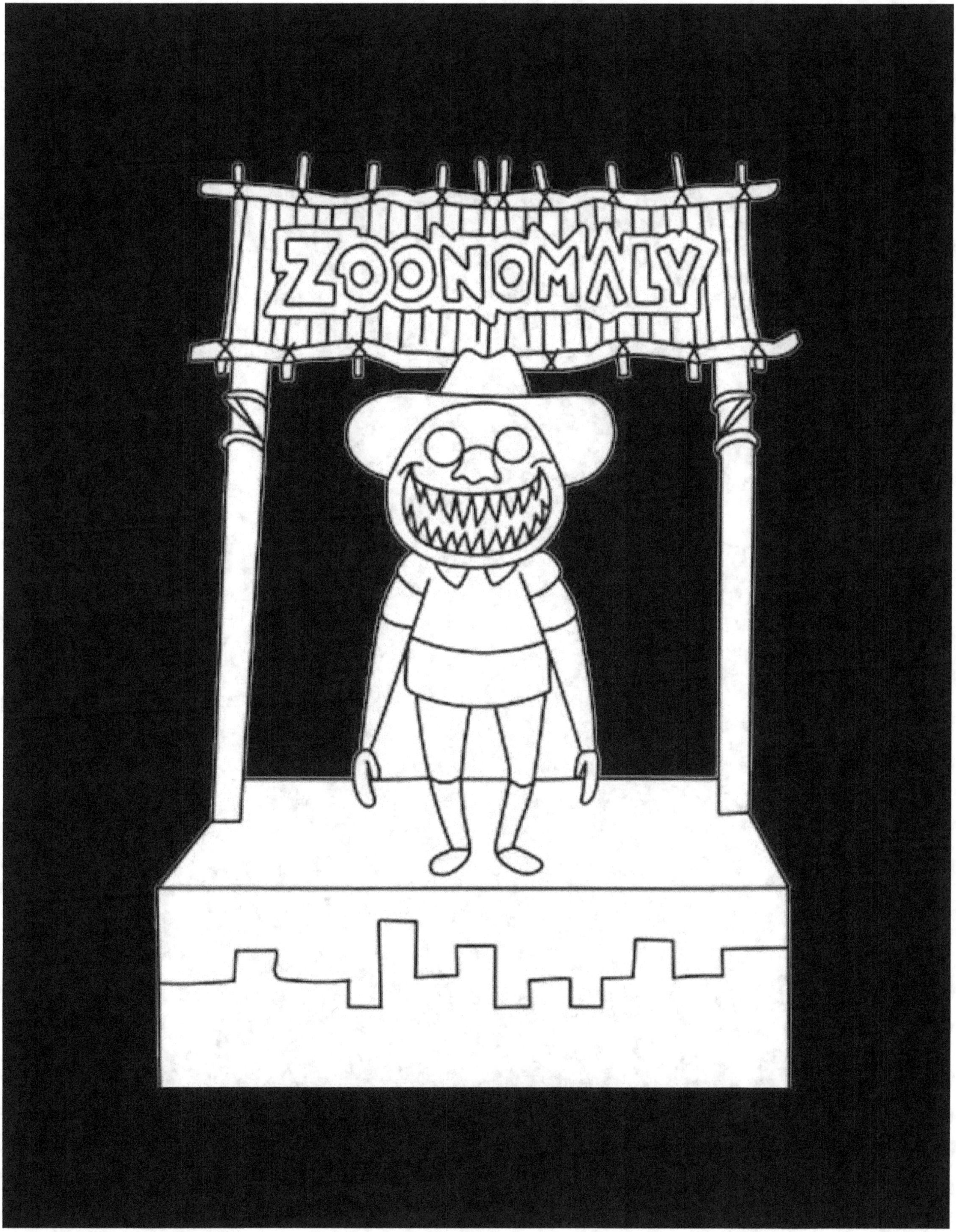
ZOONOMALY

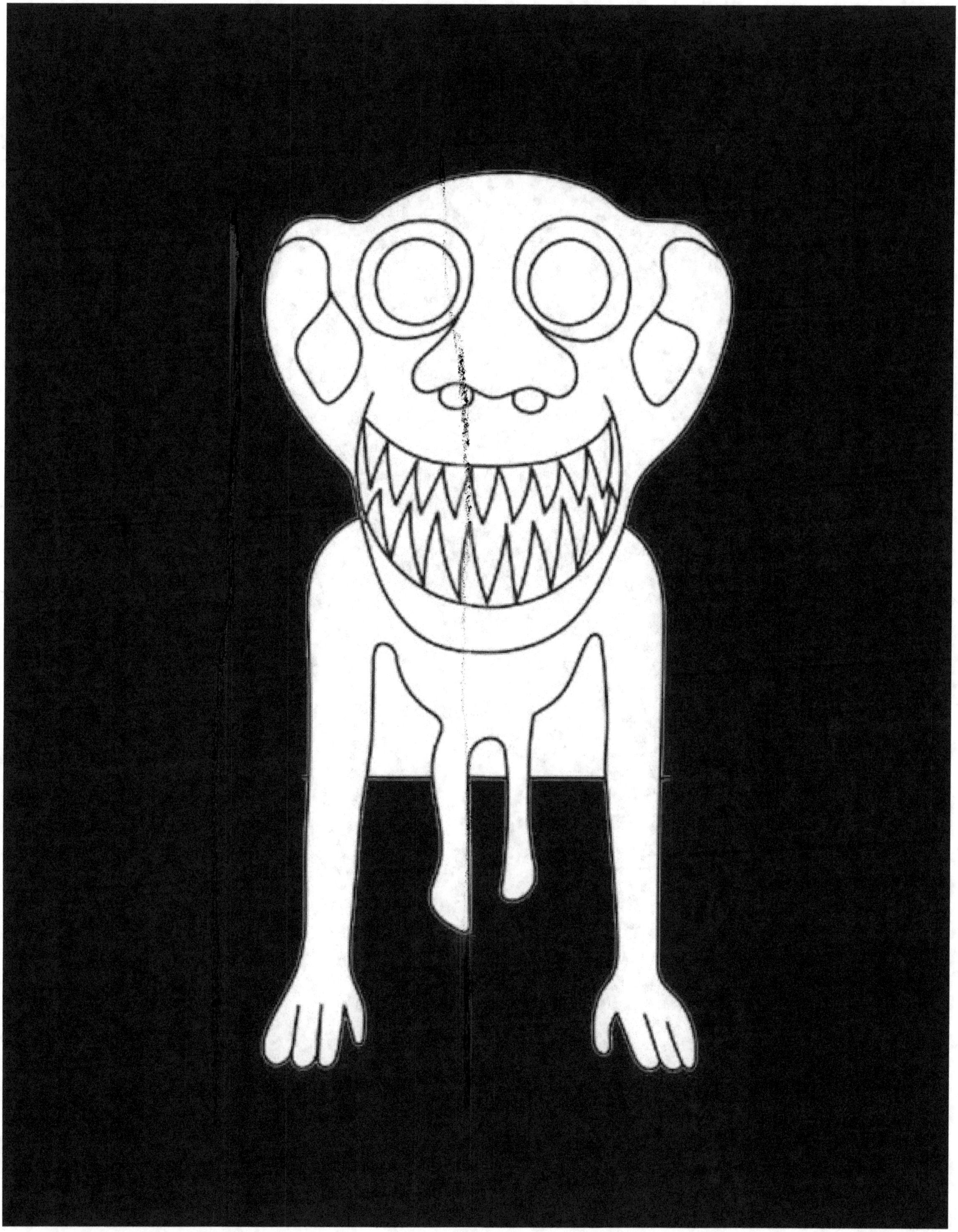

www.ingramcontent.com/pod-product-compliance
Lightning Source LLC
Chambersburg PA
CBHW082224220526
45470CB00010B/3303